AF454862

TRAITÉ
DE LA
FOURNITURE GÉNÉRALE

Des Alimens, Médicamens, Lits, Ustensiles, & autres Effets accessoires, dans les Hôpitaux militaires du Royaume;

À compter du 1.er Juillet 1781, au 1.er Juillet 1793.

A PARIS,
DE L'IMPRIMERIE ROYALE.

M. DCCLXXXI.

CONDITIONS sous lesquelles JEAN MOREL, Bourgeois de Paris, y demeurant rue Saint-Florentin, paroisse de la Magdeleine, pour & au nom des Administrateurs des Hôpitaux militaires, qu'il a présentés pour ses cautions, se soumet & s'oblige envers LE ROI & Monseigneur le Marquis de SÉGUR, Ministre & Secrétaire d'État ayant le département de la Guerre, de fournir pendant douze années consécutives, qui commenceront le 1.er Juillet mil sept cent quatre-vingt-un, les lits, effets & ustensiles, alimens & médicamens, & toutes choses généralement quelconques, nécessaires pour la nourriture & le traitement des Soldats, Cavaliers & Dragons des Troupes de Sa Majesté & de sa Maison militaire; ensemble des Maisons militaires des Princes, & de tous autres malades, blessés & vénériens qui seront envoyés dans les Hôpitaux militaires des provinces de Flandre, Artois, Picardie, Haynault, Champagne, Lorraine, Évêchés, Alsace & comté de Bourgogne; comme aussi aux Officiers & Cadets-gentils-hommes d'Infanterie, Cavalerie, Dragons des Troupes ordinaires des Maisons militaires de Sa Majesté & des Princes.

ARTICLE PREMIER.

LEDIT Jean Morel se charge, conformément à l'Ordonnance de ce jour, de fournir dans les Hôpitaux militaires susmentionnés, tous les lits, effets, ustensiles néceſſaires au ſervice deſdits Hôpitaux, & les alimens & médicamens qu'exigera le ſervice des malades qui y ſeront reçus.

2.

CES fournitures étant entièrement différentes dans leur nature, il a été convenu avec ledit Jean Morel, qu'il entretiendra, dans tous les Hôpitaux militaires, tous les lits, effets & uſtenſiles qui y ſeront néceſſaires, au moyen d'un abonnement annuel; & qu'il fournira les alimens, médicamens & articles acceſſoires, au moyen d'un prix qui ſera réglé à la journée du malade, en ſe ſoumettant de remplir à cet égard les obligations qui lui ſont impoſées.

3.

EN conſéquence, il a été arrêté un État de fixation des lits néceſſaires au ſervice de chaque Hôpital, en raiſon de l'ordre dans lequel il eſt claſſé par l'Ordonnance de ce jour : il ſera envoyé un extrait de cet État aux Intendans des Provinces, & par eux, aux Commiſſaires des guerres, chacun en ce qui les concerne; & c'eſt d'après cet état général, qui ſera annexé au préſent Traité, que ſeront établies dans chaque Hôpital, les quantités des fournitures acceſſoires aux lits & effets à l'uſage des malades, ſuivant les nouvelles proportions & dimenſions preſcrites, tant par l'Ordonnance de ce jour, que par les conditions exprimées dans le préſent Traité.

4.

Compoſition des lits propres à coucher deux malades.

CHAQUE lit ou couchette deſtiné à coucher extraordinairement deux malades, ſera compoſé d'une couchette de bois de chêne, d'orme, de noyer, de peuplier, ou de ſapin, ladite couchette élevée de terre de *quinze pouces, de quatre pieds de largeur, & de cinq pieds neuf à dix pouces de longueur* de dedans en dedans; la paillaſſe & le matelas ſeront de même largeur & longueur. La paillaſſe ſera remplie de *quarante à quarante-cinq livres* de paille ; le matelas rempli *moitié crin & moitié laine*, ou de *deux tiers de l'une ou l'autre espèce ;* le tout bien apprêté & couvert de toile lessivée, de même que le chevet qui doit avoir *trois pieds* de pourtour : lesdits matelas & chevet devant peser ensemble *trente-cinq livres*, la toile non comprise, qui doit peser environ cinq livres.

5.

LES couvertures seront de laine blanche ou verte, elles auront de longueur *huit pieds dix pouces à neuf pieds*, & de largeur *sept pieds trois à six pouces*, & pèseront, neuves, *de dix à douze livres.*

6.

LES draps, à raison de trois paires par lit, seront faits de toile forte de lin ou de chanvre, demi-blanche, & auront de longueur *neuf pieds ou neuf pieds un ou deux pouces*, & de largeur *de six pieds six pouces, à six pieds neuf pouces.*

7.

IL sera permis audit Jean Morel de supprimer les paillasses dans les lits, & d'y établir, dans le tout ou partie, des chassis sanglés pour tenir lieu de ces paillasses, auquel cas les longs & courts pans pourront être diminués de hauteur, mais la couchette devra être alors élevée de terre de *dix-huit à vingt pouces.*

8.

LES pailles des paillasses seront renouvelées lorsqu'elles seront brisées, & lorsque les Officiers de santé, de concert avec le Commissaire des guerres chargé de la police de l'Hôpital, le jugeront nécessaire ; mais les pailles des paillasses qui auront servi aux hommes morts, en seront toujours changées.

9.

LES lits destinés à pouvoir coucher deux malades, ne seront néanmoins occupés que par un, si ce n'est lorsqu'un nombre de malades extraordinaires obligeroit de les coucher à deux : & dans ce dernier cas, les Officiers de santé décideront des genres de maladies où les malades seront doublés.

10.

Si par la suite il étoit ordonné audit Jean Morel d'exécuter les remplacemens qu'il auroit à faire, ou partie, en lits à une place, lesdits lits seront composés comme il suit.

11.

Compositions des lits propres à coucher un malade.

CHAQUE lit pour y placer un seul malade, sera composé d'un bois de lit ouvert, *de deux pieds & demi de largeur* d'un bois à l'autre, sur *six pieds de longueur*, & sera, étant garni de son matelas, de la même hauteur que les autres lits désignés aux articles 4 & 7.

12.

LA garniture de ces lits sera composée d'un matelas & d'un traversin, des mêmes matières, & dans les proportions exprimées ci-devant à l'article 4. Le matelas de *deux pieds & demi de largeur*, sur *six pieds de longueur;* le chevet de *deux pieds & demi* de long, sur *trois pieds de tour :* lesquels matelas & traversin pèseront ensemble *trente livres*, la toile non comprise, qui doit peser environ *cinq livres.*

13.

LES draps, à raison de trois paires par lit, composés des mêmes toiles énoncées à l'article 6, auront de longueur *neuf pieds* ou *neuf pieds un à deux pouces*, sur *cinq pieds deux à quatre pouces de largeur.*

14.

LES couvertures de laine blanche ou verte, auront *huit pieds dix pouces à neuf pieds de longueur*, sur *cinq pieds trois à six pouces de largeur*, & pèseront *de sept livres & demie à huit livres.*

15.

LES malades attaqués de maladies qui exposent les matelas

matelas à être gâtés, seront toujours couchés sur ces lits à une place; alors, & dans ce cas seulement, il sera permis audit Jean Morel de ne donner à ces sortes de malades que des paillasses au lieu du matelas désigné en l'article 4. Ces lits serviront également pour les malades ataqués de maladies contagieuses, & qui, par cette raison, doivent être traités dans des chambres ou lieux séparés des salles ordinaires, autant que le local de l'Hôpital le permettra.

16.

INDÉPENDAMMENT des articles qui entrent dans la composition ordinaire des lits auxquels il a été ajouté une troisième paire de draps, ledit Jean Morel entretiendra une certaine quantité de couvertures de laine en sus, pour servir au besoin, lesquelles seront établies à raison d'une pour quatre lits.

17.

IL sera de plus entretenu, dans chaque Hôpital, une certaine quantité de matelas de crin, du poids de *quinze livres*, toile non comprise pour ceux des malades auxquels ce soulagement pourroit être nécessaire; & ces matelas seront de même établis à raison d'un pour quatre lits.

18.

OUTRE les effets énoncés dans les articles précédens, ledit Jean Morel entretiendra dans les Hôpitaux, pour le service de chaque lit de fixation, quatre chemises, quatre coiffes de bonnet de bonne toile forte de chanvre ou de lin, communément appelée *toile demi-blanche de ménage*, un bonnet de laine, une assiette, une écuelle, deux pots à boire, l'un de pinte, l'autre de chopine, d'étain ou de terre, & un pot-de-chambre de terre vernissée; plus une capote ou robe-de-chambre pour deux lits, & un pantalon de grosse toile grise pour deux lits; ces derniers pour servir aux galeux & vénériens, & les capotes ou robes-de-chambre, pour servir aux blessés & fébricitans.

Effets accessoires au coucher des malades.

19.

Dimenſions des Chemiſes.

Le collet de chaque chemiſe aura *deux pouces quatre à ſix lignes de hauteur,* ſur *un pied deux à quatre pouces de longueur* avec une boutonnière.

Le pan de derrière aura *trois pieds un ou deux pouces de longueur,* à compter du deſſous du collet, & le pan de devant entre *deux pieds dix à onze pouces.*

L'ouverture dans le pan de devant aura, depuis le collet, *un pied deux pouces;* la largeur de chaque pan ſera *de deux pieds un à deux pouces.*

Les manches auront chacune, depuis le défaut de l'épaule, *un pied ſept à huit pouces de longueur, ſur huit à neuf pouces de largeur* ployées, & il ſera ajouté au haut de chacune, un gouſſet pour faciliter l'intromiſſion du bras.

20.

Pourra néanmoins ledit Jean Morel avoir, dans chacun des Hôpitaux, un vingtième de la fixation en chemiſes ouvertes entièrement du haut en bas ſur le devant, en forme de peignoirs, pour ſervir aux malades & bleſſés dont les maladies & bleſſures ſont de nature à ne pouvoir changer facilement de linge. Ces chemiſes, qui d'ailleurs ſeront faites dans les dimenſions fixées par l'article précédent, auront quatre boutonnières d'un côté & autant de boutons de l'autre pour les fermer ſur le devant.

21.

Les chemiſes deſtinées pour le ſervice des galeux & vénériens, ſeront dans la forme indiquée par l'article précédent & d'une groſſe toile griſe, ſans néanmoins pouvoir être faites de toile d'étoupe.

22.

Dimenſions des coiffes de bonnets.

Les coiffes de bonnets coupées en rond par le haut, auront *deux pieds un à deux pouces de hauteur* ſur *un pied de largeur* ployées.

23.

Les bonnets qui feront de tricot ou de drap, auront *neuf à dix pouces de hauteur* fur *dix à douze pouces de largeur* ployés.

Dimenfions du bonnet de laine.

24.

Les capotes, compofées de gros drap, ou d'une étoffe de laine & de fil mêlés, auront un collet de *deux pouces cinq à fix lignes de hauteur,* fur *un pied trois à quatre pouces de longueur,* avec un bouton à l'un des bouts & une boutonnière à l'autre. La longueur, à compter du bas du collet, fera *de trois pieds huit pouces à quatre pieds.* Les manches auront de longueur, depuis le défaut de l'épaule, *un pied fix à huit pouces, fur huit pouces de largeur* ployées. L'ampleur ou contour du bas, fera de *fix pieds huit pouces à fept pieds,* & du milieu du corps, de *quatre pieds trois à fix pouces.*

Dimenfions des capotes ou robes-de-chambre.

25.

Les pantalons auront *deux pieds fix à deux pieds huit pouces de hauteur,* ceinture comprife, qui fera de *trois pouces de hauteur* fur *deux pieds fix à dix pouces de pourtour,* avec un bouton à la droite & une boutonnière à la gauche.

Dimenfions des pantalons.

26.

Les affiettes pèferont entre *douze à quatorze onces;* les écuelles, qui contiendront une chopine & un tiers de bouillon, pèferont entre *quatorze à feize onces.*

Poids & continences des affiettes, écuelles & pots à boire.

Les pots à boire, de pinte, pèferont entre *quatorze à feize onces;* & ceux de chopine, entre *neuf & douze onces;* le tout poids & mefure de Paris, & d'étain commun.

Il fera permis audit Jean Morel de fubftituer auxdites affiettes, écuelles & pots à boire d'étain, des affiettes, écuelles & pots à boire de terre.

27.

Dans les Hôpitaux des Eaux minérales qui ne font

ouverts que dans la ſaiſon des Eaux, les malades, hors les infirmes, étant preſque toujours couchés à deux, en raiſon de l'affluence des Soldats qui y ſont envoyés, il ſera établi dans ces Hôpitaux, dont la nature exige une plus grande quantité de fournitures acceſſoires en linge, huit chemiſes par chaque lit à deux, huit coiffes de bonnet, deux bonnets de laine, une capote & huit ſerviettes ou linges à eſſuyer au ſortir des bains; à l'exception néanmoins des lits de l'infirmerie deſtinés à recevoir un ſeul malade, leſquels ne doivent être garnis d'effets acceſſoires, que dans la proportion des Hôpitaux ordinaires.

28.

Effets & uſtenſiles.

LEDIT Jean Morel fournira également & entretiendra, dans les différens ordres d'Hôpitaux ſoumis au préſent Traité, la quantité d'effets & uſtenſiles en cuivre, étain, fer noir, fer-blanc, bois, verrerie, poterie, & généralement tous autres néceſſaires aux cuiſines, aux manœuvres des Hôpitaux & à leurs pharmacies; & il aura la première année de ſon ſervice pour compléter cette fourniture, de manière que la quantité de ces uſtenſiles ſoit établie dans une proportion ſuffiſante pour tous les beſoins du ſervice.

29.

LORSQUE les beſoins du ſervice exigeront une augmentation de fournitures dans quelques Hôpitaux, ou une plus grande quantité de lits en réſerve que celle qui ſe trouve préſentement établie dans l'État général de fixation, ledit Jean Morel ſera tenu d'exécuter les ordres qui lui ſeront donnés à cet égard, & d'en faire les avances au moyen du nouveau prix de l'abonnement qui ſera réglé pour cet objet.

30.

Blanchiſſage du linge.

LE blanchiſſage de tout le linge que ledit Jean Morel doit, ſuivant le préſent Traité, fournir dans les Hôpitaux, ſera à ſa charge; les malades ſeront changés de de linge tous les ſamedis dans chaque Hôpital, & plus ſouvent, s'il eſt néceſſaire, hors néanmoins les galeux & les vénériens, qui gardent la même chemiſe pendant preſque tout le temps de leur traitement; bien entendu cependant qu'il ſera fourni du linge de ſueur autant de fois qu'il ſera néceſſaire; à l'effet de quoi, il en ſera toujours tenu une quantité ſuffiſante dans l'armoire de chaque ſalle, à la garde de l'Infirmier: le linge des vénériens & galeux ſera leſſivé à part, de même que le linge à panſement ou deſtiné à faire de la charpie.

31.

A l'époque du 1.er Juillet 1781, tous les lits, effets & uſtenſiles déſignés dans les articles précédens, qui ſervent actuellement dans les Hôpitaux ſoumis au préſent Traité, & qui appartiennent, les uns au Roi, aux villes & provinces, les autres à des Entrepreneurs, ſeront repris par ledit Jean Morel & payés immédiatement aux Propriétaires, ſur une eſtimation d'Experts convenus ou nommés d'offices par les Intendans, en cas de conteſtation; nonobſtant les différences des anciennes formes, dimenſions & compoſitions, d'avec celles fixées dans leſdits articles précédens, & continueront de ſervir dans les Hôpitaux, juſqu'à ce qu'ils ſoient uſés & hors de ſervice; bien entendu que les articles ſuſceptibles de recevoir les dimenſions preſcrites & les poids ordonnés, ſeront établis dans l'état où ils doivent l'être immédiatement après ladite époque : quant aux articles qui ne pourront être établis tout de ſuite dans les formes, dimenſions, poids & meſures du préſent Traité, ledit Jean Morel s'y conformera lors des remplacemens; ce qui ſera conſtaté par un procès-verbal de réception du Commiſſaire des guerres chargé de la police, avant leur introduction dans chaque Hôpital.

32.

Il ſera permis audit Jean Morel d'établir en fer battu, non-ſeulement les chaudières & marmites, mais encore tous les autres effets en cuivre qui servent à la préparation & manutention des alimens & médicamens.

33.

TOUTES les fournitures ci-dessus mentionnées en lits, effets & ustensiles seront faites & entretenues par ledit Jean Morel dans tous les Hôpitaux militaires dont il sera chargé, au moyen du prix de l'abonnement qui sera fixé.

34.

A la même époque du 1.er Juillet prochain, à laquelle se fera l'inventaire de tous les lits, effets & ustensiles qui seront repris par ledit Jean Morel, conformément à l'article 31 précédent, il sera fait en même temps un inventaire de tous les effets à demeure appartenans au Roi, & il sera envoyé au Secrétaire d'État ayant le département de la Guerre, ainsi qu'à l'Intendant de la Province, une expédition de cet inventaire, qui sera renouvelé chaque année.

35.

INDÉPENDAMMENT des lits, effets & ustensiles que ledit Jean Morel entretiendra dans les Hôpitaux militaires susdénommés, ledit Jean Morel devant être particulièrement chargé, sous des conditions différentes, de la fourniture des alimens & médicamens, cette fourniture, qui comprendra tous les articles ci-après mentionnés, sera faite comme il suit.

36.

Alimens. LES alimens pour la journée entière des malades seront fixés dans la visite du matin par les Officiers de santé de l'Hôpital.

37.

Viande. IL sera mis dans la marmite pour chaque malade, y compris ceux qui sont à la diète, & pour chaque servant en santé nourri à l'Hôpital, une livre de viande par jour, poids de marc ; deux tiers de bœuf, & l'autre tiers de veau ou de mouton, ou de l'un & de l'autre enſemble, ſans qu'il puiſſe y être admis de tête, de cœur, freſſure, ou pieds. Laquelle livre de viande cuite & ſans os, reviendra à dix onces. Au moyen de quoi, la portion complète d'un malade ſera de cinq onces à chaque diſtribution du matin & du ſoir ; les trois quarts, demis & quarts en proportion.

38.

LA peſée de la viande ſera faite à raiſon d'une demi-livre de viande pour chaque homme à ſept heures du ſoir pour la diſtribution du dîner du jour ſuivant, & entre neuf à dix heures du matin pour la diſtribution du ſouper ; & ſi dans l'intervalle de la peſée à la miſe de la viande dans la marmite, il entroit quelque malade à l'Hôpital, dans ce cas ſeulement, il ſera ajouté à la peſée une demi-livre de viande pour chaque entrant.

39.

LORSQUE les Officiers de ſanté jugeront à propos d'interdire l'uſage de la viande & du bouillon gras aux Soldats attaqués de maladies inflammatoires, putrides, ou autres, il ſera ſuppléé à ce régime par un bouillon maigre, fait avec des herbes ou végétaux, ainſi qu'il ſera preſcrit par les Officiers de ſanté ; mais ceux-ci ſeront obligés de noter, ſur leur viſite, les malades auxquels ce régime ſera preſcrit, avant la peſée de la viande, pour qu'alors celle de ces malades en ſoit diſtraite. *Régime végétal.*

40.

LA ration de pain pour chaque malade à portion entière, & chaque ſervant en ſanté, ſera de *vingt-quatre onces* de pain ; il ſera de pur froment, de bonne qualité & bien cuit. *Pain.*

41.

CHAQUE pain refroidi, qui ſera fourni dans les Hôpitaux ſera de poids, d'une ou deux rations complètes pour en faciliter la diviſion, avec le plus de préciſion poſſible &

ſans peſer, en trois quarts de portion, demis, quarts, demi-quarts ou ſoupes. Il ſera peſé à l'entrée dans la dépenſe, & ce qui ſe trouvera alors de mauvaiſe qualité ou de moindre poids, ſera rejeté.

42.

Légers alimens.

LES alimens extraordinaires, connus dans les Hôpitaux ſous le titre de *légers alimens*, conſiſteront en œufs à la coque, en pruneaux, en lait ſimple, bouillie au lait, panades, riz au gras & riz au lait; ils pourront être ordonnés en une ſeule eſpèce ſeulement aux malades qui, étant au régime gras, ſeront à la demi-portion & au-deſſous, les panades & riz au gras tenant alors lieu de ſoupe, attendu que la portion de bouillon de ces malades y eſt employée. Et à l'égard des malades qui ſeront au régime végétal, les Officiers de ſanté pourront ordonner des légers alimens en pluſieurs eſpèces, ſuivant que l'état du malade l'exigera.

43.

IL entrera dans une panade *trois onces de pain* bis blanc; *deux onces de riz* dans une portion de riz au gras ou au lait; & *deux onces de farine* dans une bouillie: la portion de lait ſimple ſera d'*une chopine*, meſure de Paris, & il entrera *une chopine* de lait dans une bouillie & dans un riz au lait; & enfin *trois onces* de pruneaux peſés avant la cuiſſon, pour une portion de pruneaux.

44.

LES Officiers de ſanté ſeront néanmoins les maîtres de diminuer les quantités de ces légers alimens, en les exprimant dans leurs viſites par portions, trois quarts, demis & quarts, comme il eſt d'uſage de le faire pour les autres alimens.

45.

Boiſſons.

LA portion de vin dans les Hôpitaux où cette ſeule boiſſon eſt en uſage, ſera d'*une chopine*, meſure de Paris,

par

par jour, pour les malades qui feront à la portion d'alimens entière, de *trois quarts* de la chopine pour ceux qui feront aux trois quarts, & *demi-fetier* pour ceux qui feront à la demi-portion & au-deffous.

46.

LE vin, dans ces Hôpitaux, fera rouge ou blanc, tel que le pays le produit; mais de bonne qualité: & au cas que ledit Jean Morel ne puiffe en fournir que de la dernière récolte, la diftribution ne pourra en être faite avant le 1.er Avril fuivant. *Vin.*

47.

DANS les Places dont les environs ne produifent point de vin, il pourra y être fuppléé par de la bière dans les pays où cette boiffon eft en ufage, & par du cidre dans ceux qui en produifent, & le vin n'y fera donné que comme potion cordiale.

48.

LA portion de la bière pour la journée d'un malade fera d'*un pot*, mefure de Paris, pour les malades à la portion entière; *des trois quarts* du pot pour ceux qui feront *aux trois quarts* de portion, & d'*une pinte* par jour pour ceux qui feront à la demi-portion & au-deffous; le tout en moyenne bière, faite avec des matières neuves, dans la compofition de laquelle il entrera moitié des matières qui entrent communément dans la formation de la bière forte, fuivant l'ufage du pays. *Bière.*

49.

LA portion de cidre d'une qualité moyenne entre la première & le petit cidre, fera d'*une chopine & demie* par jour, mefure de Paris, pour les malades à la portion entière; les *trois quarts & demis* en proportion: la demi-portion de cidre fera donnée aux malades qui font à la demi-portion & au-deffous. *Cidre.*

50.

La déſignation de la quotité d'alimens que doit avoir chaque malade, fixée dans les viſites des Officiers de ſanté, règlera en même-temps la quotité proportionnelle de boiſſon de ce malade; mais il n'en ſera néanmoins donné à aucun, quelle que ſoit la quotité d'alimens ſolides, qu'autant que les Officiers de ſanté l'auront expreſſément ordonné par leur viſite: il ne pourra jamais être ordonné à un même malade du vin & de la bière ou cidre pour la même diſtribution.

51.

Traitement des Officiers des Troupes du Roi.

Il ſera fourni aux Officiers des Troupes du Roi & autres, qui ont le droit d'entrer dans les Hôpitaux & d'y être traités comme Officiers, le double en valeur de ce qui compoſe les alimens d'un Soldat malade: les Officiers de ſanté règleront en conſéquence, une fois pour toutes, dans chaque Hôpital, ce qui ſera mis de viande à la marmite pour chaque Officier malade; ils règleront en même temps de quel poids ſera la portion entière de pain, de quelle quantité ſera la portion entière de vin, bière ou cidre, de façon que, ſur les viſites journalières des Officiers de ſanté, où les détails des portions, trois quarts, demis, &c. ſeront exprimés, le Directeur de l'Hôpital puiſſe connoître préciſément ce qu'il devra donner en alimens ou légers alimens aux Officiers malades.

52.

Traitement en maladie des Employés dans les Hôpitaux.

Les Officiers de ſanté qui entreront malades dans les Hôpitaux, y ſeront traités comme Officiers; & les Élèves-chirurgiens & Apothicaires, & autres ſervans, comme Soldats.

53.

Médicamens & Pharmacie.

Ledit Jean Morel fournira également tous les remèdes, tant internes qu'externes, qui ſeront jugés néceſſaires pour le traitement de toutes les maladies ſans exception, comme vin, eau-de-vie, embrocation; purgatifs, rafrachîſſemens, ſomnifères, cordiaux, tiſane commune pour les boiſſons ordinaires, charpie, linge à panſemens, & généralement tous les remèdes & médicamens de quelque nature qu'ils puiſſent être, ſuivant qu'ils ſont réglés par le formulaire des Hôpitaux; le tout de bonne qualité reconnue par les Officiers de ſanté, & conformément à ce qui eſt preſcrit par l'Ordonnance de ce jour.

54.

Il ne pourra être introduit, dans les Hôpitaux, aucune eau-de-vie de grains, de cidre ou d'autres matières non provenues du vin & du raiſin, à peine de quinze cents livres d'amende contre ceux qui ſe feroient rendus coupables de ce délit, à moins cependant que les Officiers de ſanté ne jugent à propos d'en employer d'autres; auquel cas ils en donneront l'ordre par écrit, viſé du Commiſſaire des guerres, à l'Apothicaire en chef de l'Hôpital.

55.

La Pharmacie ſera établie, à moins d'impoſſibilité abſolue, dans l'intérieur de l'Hôpital, & dans un lieu qui ne ſoit ni trop ſec ni trop humide; & il ſera inceſſamment donné des ordres aux Intendans des Provinces à l'effet de déplacer les Pharmacies & magaſins de Pharmacie qui ne ſeroient pas dans des lieux convenables pour la conſervation des médicamens.

56.

Ne pourra ledit Jean Morel, en quelque cas que ce ſoit, fournir ni faire fournir aucuns remèdes & médicamens de ladite Pharmacie, à d'autres qu'aux malades de l'Hôpital, ſous telles peines qu'au cas appartiendra.

57.

Compoſitions magiſtrales.

Les compoſitions galéniques ſeront faites pour tous les Hôpitaux militaires, dans ceux auxquels ſont attachés des Amphitéâtres, tant en présence des Officiers de santé, pour assurer la bonté des compositions, qu'en présence de tous les Apothicaires & Chirurgiens appointés & surnuméraires de ces Hôpitaux, pour leur instruction. L'Apothicaire en chef de chacun de ces trois Hôpitaux tiendra un registre desdites compositions, qui sera signé sur chaque article & à chaque opération, par les Officiers de santé de ces Hôpitaux; & c'est d'après ce registre, que seront ensuite réglés les tarifs qui fixeront les prix desdites compositions, conformément à l'Ordonnance de ce jour.

58.

TOUTES les autres préparations & manipulations journalières, seront faites par l'Apothicaire en chef de chacun des autres Hôpitaux, conformément au formulaire des Hôpitaux militaires, & *au Codex de Paris pour les articles qui n'y seroient point compris.*

59.

Chapelle.

IL sera tenu de l'entretien de la Chapelle pour célébrer journellement la Messe; ledit entretien consistant en fourniture de pain à chanter, vin & luminaire, raccommodage & blanchissage du linge & des autres ornemens, le surplus étant à la charge du Roi.

60.

SI dans quelques Hôpitaux les effets, linges, livres & ornemens de la Chapelle n'appartiennent point au Roi, ils seront repris à son compte, par estimation d'Experts.

61.

Chauffage & lumière.

AUX approches de l'hiver, les Commissaires des guerres feront visiter & mettre en état les poëles, fourneaux servant à chauffer les salles & leurs tuyaux, dont la fourniture est au compte du Roi, & obligeront le Directeur à faire une provision suffisante de bois, charbon de terre ou tourbes, suivant l'usage du pays où sont situés les Hôpitaux.

62. LE

62.

Le feu commencera à être allumé dans les ſalles, aux jours qui ſeront fixés par les Officiers de ſanté, à la fin d'Octobre ou au commencement de Novembre, ou plus tard, ſuivant la température du climat & les beſoins des malades, pour être éteint au printemps, à l'époque qu'ils fixeront également. Alors leſdits Officiers auront ſeuls le droit de faire graduer la chaleur, ſuivant qu'ils le trouveront bon, par les ordres qu'ils donneront journellement au Sergent de planton, qui ſera obligé de les exécuter.

63.

Lorsque les feux ſont ſupprimés & éteints dans les ſalles des malades, ledit Jean Morel entretiendra, ſoit dans la tiſanerie, ſoit dans la cuiſine ou ailleurs, un feu léger, pour tenir les tiſanes au degré de chaleur convenable, ſans qu'il puiſſe alors être jamais porté ni entretenu de feu dans les ſalles, ſinon dans le moment des panſemens.

64.

Le chauffage des bains, tant pour les malades & bleſſés que pour les galeux & vénériens, ſera également à la charge dudit Jean Morel, qui fournira d'ailleurs tout le bois & charbon néceſſaires, tant pour la cuiſſon des alimens, que pour l'uſage de la tiſanerie, pharmacie & les panſemens.

65.

Il ſera entretenu aux frais dudit Jean Morel, une lumière dans chaque ſalle pendant la nuit; il ſera fourni également une chandelle proportionnée à la longueur des nuits pour la chambre de garde des Chirurgiens, & une pour celle des Apothicaires, à moins qu'ils ne ſoient réunis dans la même.

66.

Tous les Employés, tant en ſanté qu'en maladie,

feront au compte dudit Jean Morel ; ainfi que les domeftiques néceffaires au fervice intérieur de l'Hôpital, à l'exception des Infirmiers, du Garçon de Pharmacie, du Portier & autres que le Roi a pris à fon compte.

Tous les frais quelconques de bureaux, d'écritures & de comptabilité refteront à la charge dudit Jean Morel.

67.

Exemption & franchifes.

LES boiffons & denrées de confommation de toutes efpèces, foit que le pays les procure, foit qu'elles foient tirées d'autres Provinces ou de l'Étranger, de même que tous les effets & uftenfiles, drogues & médicamens deftinés pour le fervice des Hôpitaux, pourront entrer dans le Royaume & y circuler librement d'une province ou d'une ville à l'autre, en exemptions de tous les droits généralement quelconques dûs au Roi, aux villes ou provinces, & aux Seigneurs particuliers, & il fera à cet effet délivré audit Jean Morel les paffeports néceffaires.

68.

AU cas que, nonobftant l'exemption générale portée en l'article précédent, il foit exigé aucun droit de quelque efpèce que ce puiffe être, ledit Jean Morel en fera rembourfé fur les quittances en bonne forme qu'il en rapportera.

69.

TOUTES les denrées, effets de confommation & de panfemens, drogues & médicamens qui exifteront au 1.er Juillet 1781 dans les mêmes Hôpitaux, & qui feront reconnus de bonne qualité, feront également repris & payés par ledit Jean Morel, fur l'eftimation qui en fera faite.

70.

Prix de l'abonnement annuel des lits, effets & uftenfiles.

SOIT qu'il y ait des malades ou non dans les Hôpitaux, il fera payé audit Jean Morel par chacune année, pour la fourniture, entretien & remplacement de tous les lits & effets acceffoires fixés dans l'état annexé au présent Traité, ainsi que pour la fourniture de tous les ustensiles & effets nécessaires à l'exploitation du service des Hôpitaux compris audit état, la somme de

71.

Le prix de cet abonnement sera payé, à la déduction de quatre deniers pour livre, sur les ordonnances du Secrétaire d'État de la Guerre, par le Trésorier général de la Guerre, en deux termes égaux de six en six mois, en rapportant, par l'abonnataire, le certificat du Commissaire des guerres chargé de la police de chaque Hôpital, portant que le nombre de lits y est entretenu conformément aux fixations réglées, & que lesdits Hôpitaux sont suffisamment garnis d'effets & ustensiles nécessaires au service; lesquels certificats devront être visés par les Intendans des Provinces.

72.

Au moyen de ce que le prix de l'abonnement de la fourniture & entretien des lits, effets & ustensiles sera payé en tout temps, soit qu'il y ait des malades ou non dans les Hôpitaux, & que le bénéfice que pourra faire ledit Jean Morel sur la conservation de ses fournitures, lorsqu'il y aura peu de malades, compensera de reste la perte qu'il pourra faire sur le moindre nombre de journées, & qu'il trouvera réciproquement la compensation de l'usé de ses fournitures lorsqu'il y aura un plus grand nombre de malades, il ne pourra, dans aucun cas & sous quelque prétexte que ce puisse être, demander d'indemnité, sinon dans les cas de force majeure qu'il est d'usage d'excepter, & qui seront énoncés à la suite de ce Traité.

73.

Le prix de la journée d'alimens & médicamens des Soldats & des Servans en santé, sera payé audit Jean Morel, en temps de paix comme en temps de guerre, pour les Hôpitaux sédentaires dans l'intérieur du Royaume, à raison de *Fixation du prix de la journée.*

Et quoique le présent Traité ait été fait & convenu, avec ledit Jean Morel, pour avoir lieu pendant douze années consécutives, à commencer du 1.er Juillet prochain, il sera cependant fait, après les trois premières années expirées, une nouvelle évaluation de la valeur des objets de consommation, & réglé de nouveau, audit Jean Morel, un prix à la journée de malade, tant d'après ladite évaluation qu'en conséquence du résultat de la gestion des trois précédentes années, dont il sera donné connoissance au Secrétaire d'Etat ayant le département de la Guerre, lorsqu'il le requerra, par ledit Jean Morel, & ainsi de suite de trois en trois années.

Les journées de l'Officier & traité comme tel, lui seront payées à

74.

LEDIT Jean Morel sera en outre payé par le Roi de quarante sous pour chaque enterrement, à la charge par lui de fournir le suaire pour ensevelir le mort, & de payer à l'Aumônier dix sous pour chacun.

75.

IL sera également payé, au compte du Roi, six sous par sortie de chaque convalescent qui sortira de l'Hôpital; au moyen de quoi, il sera obligé de prendre soin des habits, armes & autres effets des malades, pour les leur rendre à leur sortie.

76.

LES payemens des journées, sorties & sépultures, lui seront faits comme il suit.

77.

LA solde des Soldats malades, à l'exception de ce qui est attribué à la masse du linge & chaussure, sera retenue au profit dudit Jean Morel, sur le prêt des Troupes, soit que les malades fassent partie des Troupes de la garnison, soit qu'ils soient des garnisons externes,

& le

& le prix auquel ſe porteront les journées des Officiers & Cadets-gentilshommes, ſur les traitemens & appointemens dont ils jouiſſent; & le montant de ces retenues ſera payé comptant tous les deux mois, par le Tréſorier particulier de la Place, entre les mains du Directeur de chaque Hôpital, ſuivant les états ou feuilles deſdites retenues qui ſeront dreſſés tous les deux mois par leſdits Directeurs, & arrêtés par les Commiſſaires des guerres.

78.

LADITE retenue de ſolde, ſur les Troupes & ſur les appointemens des Officiers, ſera faite conformément aux tarifs arrêtés par le Secrétaire d'État ayant le département de la Guerre; s'obligeant ledit Jean Morel à porter, en déduction du prix qui lui eſt accordé par journée par l'article 73, leſdites retenues, telles qu'elles ſeront réglées par les tarifs qui les auront fixés, & auxquels il ſe conformera pour exercer leſdites retenues.

79.

LE ſupplément au-delà de la retenue, ainſi que les autres dépenſes auxquelles ledit Jean Morel ſera tenu de ſatisfaire, lui ſeront payés par le Tréſorier de la Guerre, d'après les ordonnances qui lui ſeront expédiées tous les deux mois par les Intendans des Provinces, ſur les états qui en ſeront dreſſés, conformément à l'Ordonnance de ce jour.

80.

Chirurgiens & Apothicaires-élèves.

LE ROI ayant pris à ſon compte les appointemens des Officiers de ſanté, des Chirurgiens & Apothicaires-élèves & des Servans & autres dénommés dans l'Ordonnance de ce jour, ledit Jean Morel s'oblige de les payer tous les deux mois, conformément à ce qui eſt preſcrit par ladite Ordonnance; & il ſera pourvu à ſon rembourſement de la manière qu'il a été règlé par l'Ordonnance de ce jour.

81.

Nourriture des Chirurgiens & Apothicaires-élèves.

LES Commis aux ſalles, les Chirurgiens & Apothicaires-élèves ſeront nourris dans les Hôpitaux, ſur le pied des marchés, ou payés en argent au même prix.

Les Portiers, Infirmiers & Servans des Hôpitaux y feront nourris en santé & maladie à la portion du malade, & les journées des uns & des autres feront portées dans les états de dépenses de chaque deux mois, au même prix que celles du Soldat.

82.

Fonds d'avances.

POUR mettre ledit Jean Morel en état de subvenir au payement des appointemens & gages des Chirurgiens & Apothicaires-élèves, Infirmiers & Domestiques, pour la partie qui en sera au compte du Roi, & de faire enfin toutes les avances nécessaires au service dont il est chargé; ledit Jean Morel sera tenu de faire un fonds de deux cents quarante mille livres, à compter du 1.er Juillet 1781, qu'il s'oblige d'appliquer aux besoins du service courant, sans qu'il puisse répéter aucun intérêt pendant le cours de chaque année de son service, des sommes qu'il aura ainsi avancées jusqu'à la concurrence de celle de deux cents quarante mille livres.

83.

IL lui sera fourni des magasins suffisamment espacés, pour contenir les approvisionnemens qu'il sera tenu de faire en tous genres, comme aussi pour resserrer les pailles dont il aura besoin.

84.

LORSQUE des circonstances nécessiteront des transports tant en effets & ustensiles qu'en denrées, ledit Jean Morel sera tenu d'exécuter les ordres qui lui seront donnés à cet égard; & dans ce cas, lesdits transports seront au compte du Roi, ainsi que les avaries qui pourroient en résulter, lorsqu'elles seront constatées par des procès-verbaux en bonne forme.

85.

EN cas de siége, bombardement, reddition des Places, feu du ciel, évènemens ou pertes imprévues, non provenant du fait de Jean Morel ou de ses Préposés, le prix de tous les effets, ustensiles & denrées perdus par ces accidens, sera remboursé audit Jean Morel, en rapportant par lui des procès-verbaux en bonne forme, contenant la quantité, qualité & prix des objets perdus, dressés par les Commissaires des guerres, signés & certifiés par les Commandans des Places, & seront lesdits procès-verbaux de nulle valeur, s'ils ne sont remis à l'Intendant de la Province dans le mois.

86.

S'il survient des contestations pendant le cours du présent Traité, soit entre ledit Jean Morel & ses Directeurs, Commis, Employés & Servans, soit avec les Officiers de santé, soit avec les Fournisseurs des différens effets & denrées qui servent aux Hôpitaux, soit enfin des uns & des autres entr'eux, la décision du tout sera soumise aux Intendans des Provinces, où la contestation sera née, & portée en définitif au Tribunal du Secrétaire d'État ayant le département de la Guerre, sans que qui que ce soit puisse se pourvoir ailleurs.

87.

Ledit Jean Morel, ses Cautions, Commis & Préposés, & tous autres Employés & Servans des Hôpitaux, sans exception, seront exempts de Milice, Guet, Garde, logement des Gens de guerre, de toutes corvées & autres charges publiques, & de fournir aucune chose pour ce sujet pendant tout le temps du présent Traité.

88.

Indépendamment des conditions ci-dessus énoncées, lesquelles sont uniquement relatives aux Hôpitaux sédentaires actuellement établis dans les provinces dénommées dans ce Traité, ledit Jean Morel s'est de plus soumis à se charger du service de tous les Hôpitaux en temps de guerre, sous les conditions que les fournitures qu'il s'oblige d'entretenir dans les Hôpitaux sédentaires du Royaume, au moyen d'un abonnement, seront en temps de guerre au compte du Roi; & que la journée d'alimens & médicamens, réduite à ce qui la compose, dans le présent Traité, sera pour lors fixée, suivant les circonstances, par le Secrétaire d'État ayant le département de la Guerre, sur le compte qui lui en sera rendu par l'Intendant de l'armée.

89.

LEDIT Jean Morel s'engage sous la même réserve à diriger le service de tous les Hôpitaux extraordinaires, dont les circonstances nécessiteroient l'établissement accidentel dans le Royaume.

90.

EN conséquence, ledit Jean Morel devant être chargé des Hôpitaux de ce genre qui sont actuellement établis en Normandie & en Bretagne, desquels il lui sera donné connoissance, & ce, à compter du 1.er Juillet prochain, il sera fait un inventaire de tous les effets & ustensiles appartenans au Roi, dont ledit Jean Morel demeurera responsable, & comptera particulièrement pour les rendre & remettre en nature & en quantité, tels qu'ils se comporteront à l'expiration de ce service accidentel.

91.

A l'égard des denrées, alimens, médicamens, & de tous les objets compris sous cette dénomination, il en sera fait de même un inventaire au 1.er Juillet prochain, d'après lequel ils seront repris & payés à qui il appartiendra par ledit Jean Morel, sur l'estimation qui en sera faite; après quoi tous les frais quelconques auxquels il est tenu pour la partie des alimens & médicamens dans les Hôpitaux sédentaires, resteront de même à sa charge dans les Hôpitaux extraordinaires dont il s'agit, au moyen de ce que la journée de Soldat lui sera passée au prix de   sans qu'il soit rien changé à celui de la journée d'Officier, & lui sera payée ainsi & de la même manière qu'il est réglé par ce Traité pour les Hôpitaux sédentaires du Royaume.

92. LEDIT

92.

LEDIT Jean Morel ſe ſoumet au ſurplus à régir par lui-même ou à faire régir en ſon nom tous les Hôpitaux militaires dont il ſera chargé, s'interdiſant de paſſer aucun ſous-Traité pour aucun deſdits Hôpitaux, & ſe réſervant ſeulement de paſſer des marchés particuliers pour les articles de conſommation ſéparés qui pourroient en être ſuſceptibles, & ce en préſence des Commiſſaires des guerres, qui devront viſer leſdits marchés.

93.

IL ſera permis audit Jean Morel de ſe faire donner, par les Directeurs, Commis ou Prépoſés, des cautionnemens proportionnés à leur maniement, & même de les exiger.

ET pour ſûreté de l'exécution du préſent Traité, ledit Jean Morel a préſenté pour Cautions les ſieurs

JEAN-JACQUES LE GENDRE D'AMNEVILLE, Écuyer, Secrétaire du Roi, ancien Fermier général de Sa Majeſté, demeurant à Paris, rue du Temple, paroiſſe Saint Nicolas:

JACQUES BALTUS, Écuyer, Contrôleur ordinaire des guerres, demeurant ordinairement à Metz, place & paroiſſe Saint Martin; & de préſent à Paris, rue Royale, butte & paroiſſe Saint Roch:

FRANÇOIS-JOSEPH VEYTARD, Écuyer, Tréſorier général de l'Ordre royal & militaire de Saint-Louis, & Greffier en chef de l'Hôtel-de-ville de Paris, demeurant audit Hôtel, place de Grève, paroiſſe Saint Jean:

MICHEL LANGLOIS, Écuyer, Avocat en Parlement, & Fourrier des Logis du Roi, demeurant à Belle-chaſſe, rue Saint-Dominique, paroiſſe Saint Sulpice, à Paris.

JEAN-BAPTISTE DEMARS DE GRANDPRÉ, Munitionnaire général de la Marine, & Régiſſeur des Hôpitaux de l'armée de M. le Comte de Rochambeau, étant actuellement en Amérique, & repréſenté par M. ÉTIENNE DEMARS ſon frère, ſe faiſant & portant fort pour lui:

Nicolas-Louis-Joseph Éthis de la Fleurye, demeurant ordinairement à Besançon; & présentement à l'hôtel de Louis XVI, rue Royale, butte & paroisse Saint Roch à Paris,

Antoine-Jean-François le Gendre de la Feriere, Écuyer, ancien Receveur général des Finances, rue du Temple, paroisse Saint Nicolas, *Adjoint* :

Auguste-Jacques-Nicolas Baltus de Pouilly, demeurant ordinairement à Metz; & présentement à Paris, rue Royale, butte & paroisse Saint Roch, *Adjoint*. *Signé* Morel, d'Amneville, Baltus, Veytard, Langlois, Demars, Éthis de la Fleurye, de la Feriere, Baltus de Pouilly.

Le Roi ayant approuvé que le présent Traité ait son exécution:

Nous Philippe Henry, Marquis de Ségur, Lieutenant général des Armées du Roi, Chevalier de ses Ordres, Gouverneur général & grand Sénéchal des pays de Foix, Donnezan & Andore, Gouverneur particulier du château de Foix, Lieutenant général en Champagne & Brie, Ministre & Secrétaire d'État ayant le département de la Guerre, stipulant pour Sa Majesté, en agréons & acceptons les conditions pour qu'elles soient exécutées suivant leur forme & teneur.

Fait à Marly le deux mai mil sept cent quatre-vingt-un. *Signé* Ségur.

GÉNÉRALITÉ
D

EXTRAIT DE L'ÉTAT GÉNÉRAL *de la fixation des Lits dans les Hôpitaux militaires.*

DÉSIGNATION des HÔPITAUX.	NOMS des Villes OÙ ILS SONT ÉTABLIS.	FIXATION DES LITS dans chaque Hôpital.	LITS en RÉSERVE.

www.ingramcontent.com/pod-product-compliance
Ingram Content Group UK Ltd.
Pitfield, Milton Keynes, MK11 3LW, UK
UKHW021036260726
13994UKWH00005B/2189

9 782329 351285